ALPHABET

ILLUSTRÉ

80 VIGNETTES ET LETTRES ORNÉES

DESSINÉES PAR K. GIRARDET, SAGOT ET WERNER

GRAVÉES PAR PIAUD

TOURS

Ad MAME ET Cie

IMPRIMEURS-LIBRAIRES

ALPHABET

ILLUSTRÉ

PAR K. GIRARDET, SAGOT ET WERNER

PROPRIETÉ DES ÉDITEURS.

G.

ALPHABET

ILLUSTRÉ

80 VIGNETTES ET LETTRES ORNÉES

DESSINÉES PAR K. GIRARDET, SAGOT ET WERNER

GRAVÉES PAR PIAUD

TOURS

Ad MAME ET Cie

IMPRIMEURS-LIBRAIRES

1860

1re LEÇON.

LETTRES MAJUSCULES.

A B C

D E F

G H I J

K L M

1

N O P

Q R S

T U V

X Y Z

2^e LEÇON.

LETTRES MINUSCULES

a   b   c   d   e

f   g   h   i   j

k   l   m   n   o

p   q   r   s   t

u   v   x   y   z

3ᵉ LEÇON.

MINUSCULES ITALIQUES.

a   *b*   *c*   *d*   *e*

f   *g*   *h*   *i*   *j*

k   *l*   *m*   *n*   *o*

p   *q*   *r*   *s*   *t*

u   *v*   *x*   *y*   *z*

4ᵉ LEÇON.

MAJUSCULES ILLUSTRÉES.

Ibis.

Jaguar.

Kamichi.

Lion.

Marmotte.

Nocturne.
(Chauve-Souris.)

Oiseau-mouche.

Pigeon.

Quadrupède.
(Cheval.)

Renne.

Souris et Rat.

Taupe.

V a**U**tour.

Lyn**X**.

H**Y**ène.

Zèbre.

6e LEÇON.

VOYELLES ET CONSONNES.

Il y a deux espèces de lettres : les *voyelles* et les *consonnes.*

Les voyelles sont :

$$a, e, i \text{ ou } y, o, u.$$

Chacune de ces voyelles représente un son.

[Toutes les autres lettres de l'alphabet sont des consonnes. On ne peut prononcer les consonnes sans le secours des voyelles, c'est-à-dire qu'on ne peut pas former un son avec une consonne seule.]

7ᵉ LEÇON.

LES ACCENTS.

Les accents sont des signes qu'on place au-dessus des voyelles, le plus ordinairement pour modifier le son qu'elles représentent.

Il y a trois accents :

L'accent aigu (ʹ);

L'accent grave (`);

L'accent circonflexe (^).

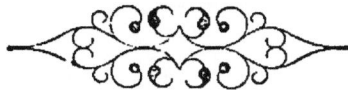

8ᵉ LEÇON.

[Exiger seulement des enfants qu'ils trouvent eux-mêmes les syllabes dans lesquelles la voyelle A sonne franchement, et leur dire les autres syllabes du mot. Les syllabes qu'il faut leur dire sont en *italique*.]

A

A ba ta *ge*

Ba ra *que*

Ba sa *ne*

Ca ba *ne*

Ca la *mi té*

Ca ma ra *de*

Ca na *ri*

Ca ra *fe*

Ca sa *que*

Da *me*

Da *van* ta *ge*

Fa ça *de*

Ga ba *re*

Ga na *che*

Ha *ri cot*

Ha *sard*

Ja *bot*

La va *ge*

La za *re*

Ma *man*

Ma la *de*

Na ta *ti on*

Sa la *dè*

Sa va *te*

Ta ba *tiè re*

Ta · *lon*

Ta pa *ge*

Va *che*

Va ga **bond**

9e LEÇON.

[Dans cette leçon , on exigera de l'enfant qu'il trouve les syllabes où l'A et l'E sonnent franchement. Pour cela cette dernière voyelle doit être accentuée.]

E

Bé né *di ci* té

Bé né *fi ce*

Ché *ri*

Dé *bal* la *ge*

Dé *fi* lé

Dé *so* lé

É té

Fa *ci li* té

Fé *li ci* té

Fé *ro ci* té

Gé né *ro si* té

Hé *ri* ta *ge*

Hé *ron*

Lé *gu me*

Mé ca *ni que*

Mé *chant*

Mé *di* ca *ment*

Mé *tal*

Pâ té

Pè *le ri* na *ge*

Pé *li can*

Pro pri é té

Ré cré a *ti on*

Ré pé *ter*

Sé na *teur*

Té mé *rai re*

Té mé *ri* té

Vé né ra *ti on*

Vé *ri* té

Vé té *ran*

10e LEÇON.

[Exiger que l'enfant trouve lui-même la syllabe où les voyelles A — E — I sonnent franchement.]

I Y

Bi ri bi

Bi *set*

Ci ra *ge*

Ci ta din

Ci vi li té

Cy près

Di vi ni té

Fi dé li té

Fi la *teur*

Hi *bou*

Hi la ri té

I ta li *e*

Li bé ra li té

Li ma *çon*

Lu ci di té

Mi né ra *lo* gi *e*

Mi ra *bel le*

Mi ra *cu leux*

My ri a mè *tre*

Pi *lo te*

Pi ra *te*

Py ra mi *de*

Ri ca *ner*

Ri di *cu le*

Ri va *ge*

11e LEÇON.

[Exiger de l'enfant qu'il trouve lui-même les syllabes où les voyelles A—E—I—Y—O sonnent franchement.]

O

Bo bo

Bo ca *ge*

Bo ta ni *que*

Co li *que*

Co lo *nel*

Do do

Do mi ni *cal*

Do mi no

Ho no *rer*

Hô pi *tal*

Lo ca li té

Lo go gri *phe*

Lo to

Mo na co

Mo no lo *gue*

Mò ri *bond*

No ta bi li té

No va *teur*

No vi *ce*

Pi co *ter*

Po li

Po li chi *nel le*

Po li ti *que*

Po sé

Ro sa li *e*

Rô ti

Ro *ton* di té

So ci a bi li té

So na *te*

Sy no *de*

To lé *ran ce*

Ton na *ge*

To po gra phi *e*

To ta li té

Vo ca li *ser*

Vo ci fé *rer*

Vo ra ci té

12e LEÇON.

[Exiger de l'enfant qu'il trouve lui-même toutes les syllabes où une des voyelles sonne franchement.]

U

Bi tu *me*

Bu *che*

Bu *reau*

Cu pi di té

Du ra *ble*

Du *re* té

Du *vet*

Fu né *rai re*

Fu té

Fu *tur*

Hu *meur*

Hu mi di té

Ju bi lé

Ju *ge*

Ju *ment*

Ju pi *ter*

Ju *pon*

Lu mi *nai re*

Lu ti *ner*

Nu a *ge*

Nu mé ra ti *on*

Nu mé ro

Pu *ce*

Pu *nir*

Re çu

Ri di cu *le*

Ru *de*

Ru mi *ner*

Ru sé

Su *cre*

Sû *re* té

Sy co mo *re*

Tu bé *reu se*

Tu li *pe*

Tu ni *que*

Tu té *lai re*

Vu

13ᵉ LEÇON.

SUR LES ACCENTS

———

Pâ-te	Prê-tre
Pâ-té	Gî-te
É-lè-ve	Vô-tre
Pro-cès	Nô-tre
A-pô-tre	Fê-te
Dé-vot	Ac-cès

Pro–phè–te

Tem–pê–te

Pu–pî–tre

Flû–te

Blâ–me

14e LEÇON.

SUR L'E MUET.

———

Ro-se	O-ra-ges
Lu-ne	Pru-nes
Pla-ce	Pom-mes
Ché-ri-e	Prai-ri-es
Frai-se	An-ges
Ca-rot-te	
Pro-fon-des	

15e LEÇON.

SUR LES DIPHTHONGUES.

Dieu	Pier–re
Vieux	Sei–ze
Mien	Peau
Tien	Oi–seau
Sien	Cour–sier
Fier–té	Beau–té

Pain	Puis-sant
Oie	Quin-ze
Feu	Tour-ner
Au-tour	Fe-nouil
Or-teil	Des-sein
Or-gueil	Mail-let
Cou-ra-geux	
Che-vreuil	
La-bo-ri-eux	

É-ven-tail

Stu-di-eux

Il ai-me-rait

Ils bâ-ti-raient

Ils chan-te-raient

Ils se bat-traient

16e LEÇON.

SUR LA RÉUNION DE PLUSIEURS CONSONNES.

Rang	Ha-reng
Sta-ble	Ro-bert
Sta-tue	Sci-en-ce
Ar-dent	Ser-pent
Fau-bourg	
Spec-ta-cle	
Splen-deur	

Stu-pi-di-té
Phé-no-mè-ne
Tri-cheur
Chro-ni-que
Chré-ti-en
Jé-sus Christ
Rhyth-me
Asth-me
Sphinx
Thlas-pi

17ᵉ LEÇON.

LA PONCTUATION.

———

[Les signes de la Ponctuation servent à séparer ces groupes de mots formés d'après le sens, et qu'on appelle des phrases ou des membres de phrases. Ils ont tous une valeur particulière.]

Les signes de la Ponctuation sont :

Le Point (.)
La Virgule (,)
Le Point et Virgule (;)
Les deux Points (:)
Le Point d'interrogation (?)
Le Point d'exclamation (!)

A LECTURES a
COURANTES

A · bri · co · ti · er

C'est l'ar-bre sûr

le-quel pous-sent
ces bons a-bri-cots
que le pe-tit Hen-
ri ai-me tant. Le
fils du jar-di-ni-er
lui en jet-te un gros
dans sa blou-se.

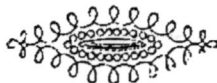

B   b

Ba-teau

Vois ce pe-tit Ba-

teau. C'est ce-lui
de Tho-mas le pê-
cheur. Il va je-ter
son fi-let pour
pren-dre des pois-
sons.

C c

Car·pe

Voi–ci main–te–

nant un gros pois-
son que Tho–mas
a pris. C'est u–ne
Car–pe. Il la vend à
u-ne cui-si-ni-è-re.

D   d

Di·man·che

—

Le·Di--man--che

est un jour de pri-
è-re et de re-pos.
Voi·là u·ne pe·ti·te
fil–le qui va à la
mes–se a–vec sa
ma–man.

E e

É·vê·que

Voi·ci trois pe·tits

en-fants aux-quels
mon-sei-gneur l'É-
vê-que don-ne sa
bé·né·dic·ti·on. C'est
sans dou-te par-ce
qu'ils ont é·té bien
sa·ges et par·ce qu'à
l'é·gli·se ils ne tour·
nent pas la tê-te.

F f

Fu - sil

Ces deux en-fants

re-gar-dent le Fu-
sil de leur pa-pa;
mais ils n'y tou-
chent pas. Leur pa·
pa leur a dé-fen-
du d'y tou-cher. Le
Fu-sil est char-gé,
et ils pour·raient se
tu·er en le pre·nant.

G g

Gâ - teau

—

Oh ! le beau Gâ—

teau que cet–te ma·
man ap–por–te à
ses en-fants! Il faut
qu'ils aient é – té
bien sa·ges, et qu'ils
aient lu leur le-çon
sans fai–re la plus
lé–gè–re fau–te.

H h

Hon‑te

Ju-li-en a l'air

2*

tout hon – teux ; il
bais–se la tê–te et
pleu–re. C'est par–
ce que sa ma–man
le gron–de. Il a dé–
chi–ré sa blou–se
et ta–ché son pan–
ta–lon a–vec de
l'en–cre.

I i

Im · pru · den · ce

Les pe-tits im-pru-

dents ! les voy–ez–
vous jou–er a–vec
les ra–soirs de leur
pa–pa, qui vient
de se fai–re la bar-
be? Pe–tits drô–les,
re – met – tez bien
vi–te ces ra–soirs
sur la ta–ble.

J   j

Jar · di · ni · er

Cet–te i–ma–ge

re-pré-sen-te un
Jar-di-ni-er et un
pe-tit gar-çon. Le
pe-tit gar-çon re-
gar-de com-ment il
fait, pour ap-pren-
dre à bé-cher son
pe-tit jar-din.

K   k

Ka · ka · to · ès

—

Oh! le jo-li Per—

ro-quet! Bon-jour, Jac-quot! Si je n'a-vais pas peur de ton gros bec cro-chu, je te ca-res-se-rais. Sais-tu par-ler? Dis-moi donc quel-que cho-se.

L · l

La·veu·se

Il fait bien froid. Cet-te

ma-man et sa fil-le ont un man - teau et un man - chon pour ca-cher leurs mains. Et ce·pen-dant cet-te La-veu-se, à ge-noux au bord de la ri-vi-è-re, est ob-li-gé-e, pour ga-gner sa vi-ĕ, de te-nir tou-te la jour-né-e ses mains dans l'eau gla-cé-e. La pau-vre fem-me !

M m

Mou·ton

—

Quand on pen-se, dit An-

na, que c'est a-vec la lai-ne
d'un Mou-ton com-me ce-lui-
ci que l'on a fait ma bel-le
ro-be de mé-ri-nos! Ma-man
m'a ex-pli-qué ce-la l'au-tre
jour, et bien d'au-tres cho-
ses en-co-re.

N   n

Nè-gre

Cet hom-me tout noir est

3

un Nè-gre. Les Nè-gres
ha-bi-tent les pays les plus
chauds de la ter-re. Ce-lui-
ci est en ce mo-ment oc-cu-
pé à cou-per u-ne es-pè-ce
de grands ro-seaux d'où l'on
ti-re le su-cre. Aùs-si ap-pel-
le-t-on ces ro-seaux can-nes
à su-cre. Ces can-nes crois-
sent dans le pays des Nè-gres.

Ours

Al-lons, dan-se, Mar-tin !

Voi-là ce que dit cet hom-me
qui tient un bâ-ton à la main.
Aus-si-tôt l'Ours se dres-se
sur ses pat-tes de der-ri-è-re
et se pro-mè-ne en tour-nant.
Tu as beau fai-re le gen-til,
mon-sieur l'Ours, tu au-ras
tou-jours l'air d'un gros lour-
daud.

P   p

Pri·è·re

Re-gar-dez bien ces deux

en-fants. C'est le frè-re et la sœur; a-vant de se cou-cher ils se sont mis à ge-noux devant leur lit, et ils font leur Pri-è-re du soir. Le bon Dieu les en-tend et leur ac-corde-ra ce qu'ils lui de-mandent. Ils lui de-man-dent ce soir d'ê-tre bien sa-ges demain.

Q   **q**

Que‑nouil‑le

Vous fi‑lez donc tou‑jours,

la mè-re Ma-thu-rin? — Dame! mes pe-tits en-fants, il le faut bien, puis-que je suis trop vieil-le pour fai-re au-tre cho-se d'u-ti-le. Quand j'é-tais jeu-ne com-me vous, je jou-ais; a-près j'ai tra-vail-lé bien fort dans les champs; main-te-nant je gar-de la mai-son, et je fi-le. — Au re-voir, mè-re Ma-thu-rin.

R r

Ra-quet-te

Char-les vient de manquer son coup. Le vo-lant est tom-bé par ter-re. Oh! le grand mal-a-droit! dit sa sœur. La pe-ti-te fil-le a tort, car tout à l'heu-re c'est el-le qui lais-se-ra tom-ber le vo-lant, et Char-les se mo-que-ra d'el-le à son tour.

S   s

Se · rin

Voi-ci u-ne gran-de ca-ge

où il y a beau-coup de jo-lis
oi-seaux : deux Se-rins, trois
Char-don-ne-rets, un Pin-
son, et d'au-tres petits oi-
seaux dont je vous di-rai le
nom u-ne au-tre fois. Ils
chan-tent, ils sif-flent, ils
ga-zouil-lent tous à la fois.
Oh! les vi-lains ta-pa-geurs!
Chan-tez donc les uns a-près
les au-tres.

T   t

Tam-bour

Ra - ta - plan !   ra - ta - plan !

Voi-là les Tam-bours de la gar-de na-ti-o-na-le qui pas-sent. Oh! le beau Tam-bour ma-jor, a-vec sa can-ne dont la pom-me de cui-vre do-ré re-lu-it au so-leil! Il pa-raît bien con-tent de son cha-peau à plu-mes et de son ha-bit ga-lon-né sur tou-tes les cou-tu-res.

U u

U · si · ne

Vo-yez-vous ces ou-vri-ers

qui tra-vail-lent et cet-te gran-
de roue qui tour-ne? Ri-en
n'est plus cu-ri-eux que de vi-
si-ter u-ne U-si-ne, où u-ne
seu-le ma-chi-ne à va-peur
fait mou-voir u-ne fou-le de
sci-es, de li-mes, de mar-teaux
qui cou-pent et a-pla-tis-sent
le fer.

V v

Va·che

Sa-vez - vous   ce   que   fait

cet-te fem-me as-si-se à cô-té de cet-te Va-che blan-che? El-le la trait. Quand son pot se-ra plein, el-le le por-te-ra chez el-le, et fe-ra u-ne bon-ne sou-pe au lait pour le dé-jeu-ner de son pe-tit gar-çon qui l'at-tend sans pleu-rer.

X

X

Xy·lo·gra·phi·e

C'est au moy-en de la Xy-

lo-gra-phi-e que l'on a fait
tou-tes les bel-les i-ma-ges
qui sont dans ce li-vre.
El-les ont d'a-bord é-té
dé-cou-pé-es sur u-ne ta-
blet-te de buis, en-sui-te
im-pri-mé-es sur le pa-pier.

Y y

Yo - le

Vous voy-ez dans cet-te

i-ma-ge deux en-fants, le
frè-re et la sœur, que leur
pa-pa pro-mè-ne sur la ri-
vi-è-re dans un pe-tit ba-
teau très-é-troit et très-lé-
ger, que l'on ap-pel-le u-ne
Yo-le.

Z   z

Zi·be·li·ne

Vois-tu, Ma-ri-e, ce pe-tit

a - ni - mal avec son mu - seau
poin - tu et son corps très-
al-lon-gé? C'est u-ne Mar-tre
Zi - be - li - ne. C'est avec la
peau des Zi - be - li - nes que
l'on fait les plus beaux man-
chons. On re - con - naît leur
four-ru-re en ce que le poil
res - te cou - ché du cô - té
où on le met.

CHIFFRES

1	**2**	**3**	**4**	**5**
un	deux	trois	quatre	cinq
6	**7**	**8**	**9**	**0**
six	sept	huit	neuf	zéro

Avec ces dix Chiffres, qu'on appelle Chiffres arabes, on peut écrire tous les nombres imaginables.

— Paul, quelle heure est-il?

— Maman, je n'en sais rien.

— Regarde à la pendule.

— Maman, c'est que je ne connais pas ces chiffres-là.

3 *

—Ce sont des Chiffres romains ; les voici :

I	. . .	1
II	. . .	2
III	. . .	3
IV	. . .	4
V	. . .	5
VI	. . .	6
VII	. . .	7
VIII	. . .	8
IX	. . .	9
X	. . .	dix
XI	. . .	onze
XII	. . .	douze.

(Midi ou Minuit.)

PRIÈRE

Notre Père qui êtes aux cieux, que votre nom soit sanctifié; que votre règne arrive; que votre volonté soit faite sur la terre comme au ciel : donnez-nous aujourd'hui notre pain quotidien ; et pardonnez-nous nos offenses, comme nous pardonnons à ceux qui nous ont offensés; et ne nous laissez pas succomber à la tentation, mais délivrez-nous du mal. Ainsi soit-il.

DEVOIRS

DES PETITS ENFANTS

PENDANT LA JOURNÉE.

LE RÉVEIL.

A votre réveil, mon cher enfant, faites le signe de la croix, et dites du fond du cœur: « Mon Dieu, faites qu'aujourd'hui je sois bien sage. »

LA PRIÈRE DU MATIN.

Dès que vous serez habillé, mettez-vous à genoux, et récitez la prière que votre maman vous a apprise.

LES LEÇONS.

Quand votre maman vous appellera pour étudier, quittez aussitôt votre jeu sans témoigner de mauvaise humeur. Souvenez-vous, mon enfant, que le seul moyen d'apprendre vite et bien une leçon, c'est de s'appliquer de toutes ses forces. Celui qui étudie en rechignant s'ennuie, et met souvent une journée entière à apprendre ce qu'il pourrait facilement savoir en une demi-heure.

LES REPAS.

A table, tenez-vous tranquille; mangez proprement, et prenez garde de répandre de la sauce ou du vin sur la nappe ou sur vous. Ne parlez pas quand les grandes personnes parlent; ne les interrompez pas pour leur demander ceci ou cela. Habituez-vous à manger tout ce qu'on vous donne, et que la gourmandise ne vous fasse pas manger quand vous n'avez plus faim.

LES JEUX.

Ne jouez jamais à des jeux auxquels votre papa ou votre maman vous ont défendu de jouer. Quand ils vous défendent un jeu, ce n'est pas pour vous contrarier, c'est dans la crainte qu'il ne vous arrive quelque malheur. Soyez complaisant pour vos camarades; ne les taquinez pas, surtout ceux qui sont plus petits que vous.

LA PRIÈRE DU SOIR.

Avant de vous mettre au lit,

agenouillez - vous , et faites votre prière du soir. Si, dans la journée, vous avez commis quelque désobéissance ou quelque vilaine action, pensez-y pour la regretter, et promettez à Dieu de ne plus retomber dans la même faute.

Enfin, que votre dernière pensée soit pour Dieu, qui vous a créé, comme votre première pensée a été ce matin pour lui.

FIN.

TOURS. — IMP. MAME.

SIAUD.

www.ingramcontent.com/pod-product-compliance
Lightning Source LLC
Chambersburg PA
CBHW052131090426
42741CB00009B/2043